BEI GRIN MACHT SICH IHR WISSEN BEZAHLT

- Wir veröffentlichen Ihre Hausarbeit, Bachelor- und Masterarbeit
- Ihr eigenes eBook und Buch - weltweit in allen wichtigen Shops
- Verdienen Sie an jedem Verkauf

Jetzt bei www.GRIN.com hochladen und kostenlos publizieren

Bibliografische Information der Deutschen Nationalbibliothek:

Die Deutsche Bibliothek verzeichnet diese Publikation in der Deutschen Nationalbibliografie; detaillierte bibliografische Daten sind im Internet über http://dnb.d-nb.de/ abrufbar.

Dieses Werk sowie alle darin enthaltenen einzelnen Beiträge und Abbildungen sind urheberrechtlich geschützt. Jede Verwertung, die nicht ausdrücklich vom Urheberrechtsschutz zugelassen ist, bedarf der vorherigen Zustimmung des Verlages. Das gilt insbesondere für Vervielfältigungen, Bearbeitungen, Übersetzungen, Mikroverfilmungen, Auswertungen durch Datenbanken und für die Einspeicherung und Verarbeitung in elektronische Systeme. Alle Rechte, auch die des auszugsweisen Nachdrucks, der fotomechanischen Wiedergabe (einschließlich Mikrokopie) sowie der Auswertung durch Datenbanken oder ähnliche Einrichtungen, vorbehalten.

Impressum:

Copyright © 2004 GRIN Verlag, Open Publishing GmbH
Druck und Bindung: Books on Demand GmbH, Norderstedt Germany
ISBN: 9783640533848

Dieses Buch bei GRIN:

http://www.grin.com/de/e-book/141671/licht-und-schatten-schatten-veraendern-sich

Natalie Fedine

Licht und Schatten - Schatten verändern sich

Schriftliche Unterrichtsvorbereitung zur Zweiten Staatsprüfung im Fach Sachunterricht

GRIN Verlag

GRIN - Your knowledge has value

Der GRIN Verlag publiziert seit 1998 wissenschaftliche Arbeiten von Studenten, Hochschullehrern und anderen Akademikern als eBook und gedrucktes Buch. Die Verlagswebsite www.grin.com ist die ideale Plattform zur Veröffentlichung von Hausarbeiten, Abschlussarbeiten, wissenschaftlichen Aufsätzen, Dissertationen und Fachbüchern.

Besuchen Sie uns im Internet:

http://www.grin.com/

http://www.facebook.com/grincom

http://www.twitter.com/grin_com

Unterrichtsvorbereitung zur Zweiten Staatsprüfung

Für das Lehramt an Grundschulen

Fach:	Sachunterricht
Klasse:	3c
Datum:	07.10.04

Thema der Unterrichtseinheit: Licht und Schatten

Thema der Unterrichtsstunde: Schatten verändern sich

Ziel der Stunde: Die Schülerinnen und Schüler sollen die Bedingungen für unterschiedliche Veränderungen der Schatten selbständig-experimentell herausarbeiten und die dazu führenden Versuche der Klasse präsentieren und reflektieren.

Gliederung:

1. Lernvoraussetzungen
2. Sachanalyse
3. Didaktische Überlegungen
4. Methodische Überlegungen
5. Literatur
6. Anhang

Bedingungsanalyse
Lernvoraussetzungen im Fach Sachunterricht
Die meisten Kinder stehen den naturwissenschaftlichen Themen des Sachunterrichts sehr interessiert gegenüber. Sowohl freiwillig als auch auf Aufforderung bringen sie Bücher und Experimentiermaterialien mit, die im direkten Zusammenhang mit aktuellen Themen stehen. Engagierte Eltern unterstützen das handlungsorientierte Lernen mit der Besorgung und Transport vom erforderlichen Material und ermöglichen dadurch eine qualitative und erfolgreiche Arbeit. Mit spürbarer Begeisterung formulieren die Schüler Fragen, erforschen sie und bereichern den Unterricht durch die Vielfältigkeit der Ideen und der Kompetenzstufen.

Im Laufe ihrer Schulzeit arbeiteten die Kinder an mehreren physikalischen Themen: „Wasser", „Schwimmen und Sinken", „Luft" und „Rollen". In der zweiten Klasse wurde zunehmend problemorientiert experimentiert. Von den Kindern gestellte Fragen bildeten den Ausgangspunkt der Einheiten, wurden von mir zu sinnvollen Problemstellungen modifiziert und in den Unterricht eingebracht. Die Schüler lernten, die Experimente selbständig zu planen, durchzuführen und auszuwerten. In den Präsentations- und Reflexionsphasen wurden die Problemlösungen vorgestellt, die Begriffe zum Versprachlichen gefunden und über die geleistete Arbeit nachgedacht. Zur Ergebnissicherung der experimentellen Aktivitäten wurden die Forscherhefte eingeführt, die das Voranschreiten des individuellen Lernfortschritts dokumentierten.

Im Sachunterricht entwickelten sich die Sozialformen wie Gruppen- und Partnerarbeit zum festen Ritual. Sie bildeten die Grundlage für eine vertrauensvolle Arbeitsatmosphäre, soziales Miteinander und förderliche Gesprächskultur.

Lernvoraussetzungen für die Unterrichtsstunde
Bereits in der ersten Stunde zeigte die Lerngruppe ein lebhaftes Interesse und Neugier am Thema der Einheit. Die von allen Beteiligten organisierten Experimentiertische unterstützten das Vorhaben und boten folgende Auswahl an Material an: Taschen-, Schreibtisch-, Nachttisch- und Leuchtstofflampen, farbige Birnen, Kerzen in kleinen Kerzenhaltern, leuchtende Gegenstände und Scoubidoo-Bänder, Decken zum Abdunkeln, Klarsichtfolien verschiedener Farben, Alufolie, Butterbrotpapier, durchsichtige oder teilweise durchsichtige Gegenstände, Sonnenbrillen unterschiedlicher Farben, kleine Glasplatten, durchsichtige Kunststoffplatten oder Milchglasplatten, Prismen, Lupen, Linsen, Spiegel, Experimentierbücher.

Die freien Forscheraktivitäten der Schüler gingen in unterschiedliche Forschungsbereiche der Optik: Untersuchung der Lichtfarben beim Leuchten durch einzelne und übereinander gelegte bunte Glasscheiben, Prüfung der Lichtdurchlässigkeit der Stoffe mit einem Laserstrahler, Erforschung der gleichzeitigen Lichtdurchlässigkeit und -reflexion der Glasscheiben, Veränderung des Lichts durch Sammellinsen, Schattenuntersuchung in Anhängigkeit vom Abstand zur Lichtquelle.

Im Anschluss an die freie Experimentierphase dokumentierten die Schüler ihre ersten Forschungsergebnisse, fassten ihre Vorkenntnisse zusammen und formulierten eigene Forscherfragen.

Stellung der Stunde in der Einheit

1.-2. Stunde: Einführung in das Thema „Licht und Schatten"
Die Schüler stellen sich in Form eines Basars die zum Thema mitgebrachten Materialien vor. In der Phase des freien Experimentierens sollen die Schüler die mitgebrachten Sachen erproben, eigene Experimente durchführen, neue Entdeckungen der Klasse präsentieren und die Ergebnisse im Forscherheft in Kurzform festhalten. Jeder Schüler hält seine Vorkenntnisse sowie Forscherfragen in schriftlicher Form fest: Was weiß ich schon über Licht und Schatten? Welche Forscherfragen habe ich noch?

3.-4. Stunde:	Erste Experimentierphase zu Problemstellungen „Wie entsteht ein Schatten? und „Was ist ein Schatten?"
5.-6. Stunde:	Zweite Experimentierphase zur Problemstellung „Was macht eine Linse mit dem Licht?"
7. Stunde:	**Dritte Experimentierphase zur Problemstellung „Was kann alles tun, um Schatten zu verändern„**
8. Stunde:	Dokumentation der Arbeitsergebnisse im Forscherheft zur 7. Stunde
9. Stunde:	Herstellung der Schattenrissporträts, Schattenspiele
10. Stunde:	Abschluss der Einheit, Reflexion der gesammelten Erfahrungen und Sicherung und der erworbenen Kenntnisse

Sachanalyse

Licht und Schatten

Licht ist eine Form der Strahlungsenergie.[1] Nach der Theorie von Albert Einstein schleudert eine Lichtquelle kleine Lichtteilchen (=Photonen) in alle Richtungen hinaus. Sie fliegen auf geradlinigen Bahnen mit einer Geschwindigkeit von 300000 km/h und bilden den Energiestrom des Lichts.[2] Man unterscheidet zwischen Punktlichtquellen (Glühbirne, Kerze) und ausgedehnten Lichtquellen (Leuchtstoffröhre).

„Schatten ist der nicht oder nur teilweise beleuchtete Teil einer Fläche, der entsteht, wenn ein lichtundurchlässiges oder nur teilweise durchlässiges Objekt in den Strahlengang des Lichts eintritt."[3]
Von der Lichtquelle aus betrachtet liegt der Schatten immer hinter dem Körper.[4] Lichtquelle, beleuchtetes Hindernis und Schatten liegen hintereinander auf einer Linie.

Wie kann man den Schatten verändern?

Veränderung der Größe des Schattens

Durch Variation des Abstandes zwischen der Lichtquelle, Gegenstand und Schirm lässt sich der Schatten verändern.
Punktlichtquellen erzeugen scharf umrissenen Schattenbilder, deren Größe zunimmt, wenn
- der Körper an die Lichtquelle heranrückt
- der Schirm vom Körper wegrückt.

Veränderung der Konturen des Schattens

Man erreicht eine Veränderung der Konturen des Schattens, wenn man eine ausgedehnte Lichtquelle verwendet. Es entsteht neben dem Kernschatten ein weicher Übergangsschatten. Der Schatten sieht verwaschen und unscharf aus.

Ebenfalls erreicht man einen veränderten Schatten, wenn man mehrere Lichtquellen verwendet. Beleuchten beispielsweise zwei Lichtquellen den Gegenstand, erzeugt jede Lichtquelle für sich einen Schattenraum. Es entstehen Kernschatten und Halbschatten. Im Kernschattenbereich können von keiner Lichtquelle Photonen eindringen, deswegen ist dort der Schirm ganz dunkel. Im

---

[1] vgl. Schenker, K., 1997, S. 2
[2] vgl. Spektrum Physik 7/8, 2001, S. 14
[3] Faust-Siehl, G., 1993, S. 9
[4] vgl. Walz, A., 1997, S. 19

Halbschattenbereich durchqueren die Photonen aus einer Lichtquelle und lassen den Schirm halbhell leuchten.[5]
Verzerrte Bilder entstehen, wenn Gegenstand oder Schirm gegen die Lichtkegelachse geneigt sind.[6] Das durch eine Linse gebrochene Licht erzeugt ebenfalls verzerrte Schatten.

Didaktische Überlegungen
Didaktische Überlegungen zur Unterrichtseinheit

Der Rahmenplan sieht das Thema Licht und Schatten im Fach Sachunterricht für die gesamte Grundschulzeit vor. Die Thematik ist dem inhaltlichen Lernfeld „Naturphänomene" zugeordnet. Es sollen Experimente mit Licht und Schatten durchgeführt, festgehalten, bildlich dargestellt und verglichen werden.[7] „Im 3. Schuljahr stehen zunehmend zielorientierte, geplante und selbständig durchgeführte Versuchsvorhaben im Vordergrund."[8]

Licht und Schatten können voneinander nicht getrennt werden. Sie treten immer zusammen auf, gehören zu der direkten Lebenswelt und alltäglichen Erfahrungen der Kinder und liefern vielfältige Anreize zur Auseinandersetzung. Nach Piaget hat ein eineinhalb Jahre altes Kind ein Bewusstsein vom Schatten. Ab diesem Alter versucht es ihn zu berühren und zu fangen, weil es seine Entstehung nicht nachvollziehen kann.[9] Der Schatten begleitet ständig das Kind. („Der Schatten sieht wie ein Kind aus, das dir nachmacht." „Der Schatten ist wie ein projizierter Film, der dir folgt.") Der Schatten stellt auch für die Grundschulkinder einen abstrakten und zugleich magischen Gegenstand dar, der zwar sichtbar und präsent, aber im ursprünglichen Sinne schwer „fassbar" ist. Die Reggio-Pädagogik vertritt darüber hinaus die Ansicht, dass Erfahrungen und Experimente mit Licht- und Schatten zur differenzierten Wahrnehmung und Stärkung der Persönlichkeit führen und für die Intelligenzentwicklung der jungen Menschen sehr bedeutend sind.[10]

Bewusste Erfahrungen werden im Klassenraum immer wieder mit Licht gemacht, wenn beispielsweise die Sonne blendet, und die Jalousien heruntergelassen werden müssen. Auch beim Lesen oder Schreiben stellen die Kinder fest, dass der eigene Schatten die Sicht auf die Unterlagen behindern kann. Wie ein Schatten entsteht, ist dabei sicher nur einigen Kindern der Lerngruppe wirklich bewusst. Wiesner und Claus belegten in ihrer Untersuchung, dass ein Drittel der Zweitklässler Schatten als eine Substanz auffasst, 70 % die Richtung des Schattens richtig angibt und die Mehrheit der Kinder keine konkrete Antwort zur Schattenentstehung geben kann.[11] Der heutige Kenntnisstand über die frühe Entwicklung physikalischen Verständnisses im Grundschulalter, verbunden mit der hohen Bereitschaft der Kinder, spricht für die frühe Behandlung des Themas „Licht und Schatten" in der Grundschule. Nach Piaget und Wagenschein entwickeln die Kinder ihr Weltwissen vor allem durch die Auseinandersetzung mit den Sachverhalten. Die Qualität und die Quantität des Wissens korrelieren mit der dem Umfang und der Tiefgründigkeit der vorangegangenen Beschäftigung.[12] Durch die experimentellen Zugänge sollen die Kinder befähigt werden, die Erscheinungen des Lichts und des Schattens in Zusammenhängen von Beobachtungen, Erlebnissen und Erfahrungen zu verstehen, die Gültigkeit der Erkenntnisse und ihre Grenzen festzustellen und damit Lebenssituationen besser zu bewältigen.[13]

Didaktische Überlegungen zur Methode des Experimentierens

---

[5] vgl. Spektrum Physik 7/8, 2001, S. 20-21
[6] vgl. Faust-Siehl, G., 1993, S. 9
[7] vgl. Rahmenplan Grundschule, 1995, S. 136
[8] Rahmenplan Grundschule, 1995, S. 136
[9] vgl. vgl. Schenker, K., 1997, S. 2
[10] vgl. Sievert-Staudte, A, 2001, S. 8-9
[11] vgl. Wiesner, H., Claus, J., 1985, S. 26-28
[12] vgl. Lauterbach, R. 1999, S. 12
[13] vgl. Lauterbach, R. 1999, S. 13

Das Experimentieren stellt eine der Schlüsselqualifikationen dar, die im Sachunterricht in Verbindung mit fachlichen Lernzielen aufgebaut werden.[14] Die experimentelle Methode entspricht dem natürlichen Vorgehen eines Kindes beim Erschließen seiner Welt.[15] Bis zum Eintritt in die Schule hat das Kind fast alle Einsichen und Erfahrungen durch das Spiel und freies Experimentieren gewonnen. Die Experimentiermethode entspricht der Art des Denkens der Kinder und ihrem Erkenntnisgewinn.[16] Sie ermöglicht „das mehrdimensionale Lernen und das Zusammenwirken von kognitiven, emotionalen und praxisorientierten Handlungen" (Kopf-Herz-Hand).[17] Unter dem Aspekt der "veränderten Kindheit", die durch Verarmung der sinnlichen Eindrücke gekennzeichnet ist, sollte dieser Methode ein besonderes Gewicht zukommen, weil sie Möglichkeiten für primäre Erfahrungen schafft.

Didaktische Überlegungen zur Unterrichtsstunde

Im Sachunterricht gelten eigenständige didaktische Grundsätze, die bei der Planung des Unterrichts berücksichtigt werden müssen. Die Themen des Sachunterrichts sind aus der Umwelt der Kinder auszuwählen und an den Erfahrungen der Lerngruppe zu orientieren.[18] Alle Kinder der Klasse machten im täglichen Leben schon bewusste wie unbewusste Erfahrungen mit unterschiedlichen und sich ständig verändernden Schatten. Am Tag sieht das Kind beispielsweise nur einen eigenen Schatten von der Sonne. Läuft das Kind am Abend auf der Straße, beobachtet es gleichzeitig zwei oder mehrere Schatten um sich. Dabei verändern sie ständig ihre Größe und Form. In jedem Haus gibt es Lichter, die bei der Betätigung Schatten erzeugen. Das Kind wird auch zu Hause ständig von Schatten umgeben und vom eigenen Schatten begleitet, jedoch ohne viel darüber nachzudenken.

Die heutige Stunde basiert auf Situationen, die sich in einem gemeinsamen Erfahrungsprozess zufällig als didaktisch fruchtbare Momente ergaben.[19] Die Auswahl des Lerninhalts zeichnet sich durch die Zugänglichkeit aus, weil es die Kinder waren, die eine Auseinandersetzung mit dem Thema gesucht haben. Bereits in den vorhergehenden Stunden beschäftigte einige Kinder der Lerngruppe die Veränderbarkeit der Schatten. Eine Gruppe untersuchte bereits in der ersten freien Experimentierphase die Veränderung der Schattengröße in Abhängigkeit vom Abstand zur Lichtquelle. In der zweiten Stunde machten zwei Gruppen die Entdeckung, dass der Schatten wandert, wenn man die Lichtquelle bewegt und dass er sich in Abhängigkeit vom Einfallswinkel verlängert oder verkürzt. Durch die Präsentation der Arbeitsergebnisse machten alle Kinder der Lerngruppe in den vorhergehenden Stunden die ersten Erfahrungen im Unterricht mit der Veränderung der Schatten.

Dieses Phänomen bleibt den Kindern nicht verborgen, wenn sie mit Licht und Schatten frei oder zielgerichtet experimentieren. Die Variierbarkeit der Schattengröße und -gestalt schien auf die Kinder eine magische Wirkung auszuüben. Die Tatsache, dass bei einem Gegenstand die Gestalt und Größe des Schattens immer anders erscheint, ist nicht nur für Grundschüler faszinierend. Nach den durchgeführten Stunden steht für mich fest, dass dieses Thema für die Kinder von großem Interesse ist. Für die Planung der Stunden erscheinen sehr sinnvoll von Interessen der Kinder ausgehende Problemstellungen. Die Kinder erfahren durch diese eine Motivation, die von der extrinsischen in die intrinsische übergeht.[20] Sie sind von der Sache selbst motiviert. In der lerntheoretischen Forschung ist belegt, dass diese Art der Motivation zu einer intensiven und beharrlichen Beschäftigung führt.

Der zweite Aspekt, warum dieses Thema ausführlicher behandelt werden sollte, ist die Verbindung der Thematik mit kindlichen Emotionen. Die Veränderung der Schatten wirkt auf die Kinder in bestimmten Situationen auch bedrohlich. So äußerte sich ein Junge der Klasse, dass die Dunkelheit Angst macht. Besonders starke Angstgefühle kommen bei einem Kind auf, wenn es alleine im Bett liegt und sich die Schatten im Zimmer durch verschiedene Einflüsse verändern. Ist einem Kind nicht bewusst, welche Ursache eine Schattenveränderung haben könnte, überkommt es die Angst, das Phänomen wird mit

---

[14] Rahmenplan, 1995, S. 126
[15] vgl. Bäuml, M.-A., 1979, S.19
[16] vgl. www.psychologie.unizh.ch/genpsy/lehre/ws99_00/skript/Piaget.html
[17] www.uni-koeln.de/ew-fak/konstrukt/didaktik/ experiment/experiment_darstellung.html
[18] vgl. Rahmenplan Grundschule, 1995, S. 123
[19] Rahmenplan Grundschule, 1995, S. 30
[20] vgl. Edelmann, W., 2003, S. 30-32

dem Unheil oder bösen Geistern verbunden. Die Behandlung des physikalischen Aspekts des Themas kann zwar nicht die Angst beheben, sie bringt jedoch das Kind zum Nachdenken über die Faktoren, die zur Veränderung der Schatten führen, und weckt das Bewusstsein, dass die Schatten immer entstehen, auch wenn nur ein kleines Licht ins Spiel kommt. Denn oft haben auch erwachsene Menschen Angst, wenn sie sich ein Phänomen nicht erklären können.

Die größte Schwierigkeit bei der Planung der Stunde ergab für mich die Suche nach einer schülerorientierten Problemstellung. Vor der Durchführung der Einheit fasste ich die Fragestellung „Kann man Schatten verändern?" ins Auge und hielt sie für eine sinnvolle Lösung. Im Arbeitsprozess erkannte ich, dass spätestens nach den durchgeführten Stunden den meisten Schülern der Lerngruppe bekannt war, dass sich die Schatten verändern können. Die Bearbeitung des Themas unter dieser Perspektive würde für die Schüler kein wirkliches Problem darstellen, weil sie die Antwort schon wissen. Das Experimentieren würde somit nur die Bestätigung der Aussage erfordern. „Fragt man die Kinder nach den Zusammenhängen zwischen Theorien, Hypothesen, Experiment und Befunden", wie dies Carey et al. und Sodian et al. getan haben, „so zeigt sich, dass Kinder Experimente vorwiegend als Aktivitäten verstehen, die man durchführt, um etwas auszuprobieren ("sehen, ob es funktioniert"), nicht um Theorien zu prüfen."[21] Die Kinder bleiben demzufolge überwiegend gleichgültig, wenn es nur um die Bestätigung der Aussage geht. „Deren Evidenz, Glaubwürdigkeit oder Brauchbarkeit scheint ihnen völlig zu genügen."[22] Aus diesem Grund musste die Problemstellung anders formuliert werden. Nicht die Tatsache, dass sich die Schatten verändern, sondern die Ursachen, die dazu führen, sollen zum Schwerpunkt der heutigen Stunde werden. Da die Veränderung des Schattens durch vielfältige Faktoren verursacht werden kann, halte ich es für sinnvoller und effektiver, die Thematik unter mehrperspektivischer Betrachtung anzugehen.[23] Die Problemstellung „Was kann man tun, um das Aussehen eines Schattens, seine Form oder Größe zu verändern oder den Schatten zu verzerren?" ging aus diesen Überlegungen als zweite Alternative hervor. Nach einer genaueren Untersuchung stellte ich jedoch fest, dass der Impuls eine sehr enge Zielrichtung vorgibt. Die Intention der heutigen Stunde richtet sich auf möglichst vielfältige Veränderungen, und nicht nur auf die Variierbarkeit der Form, der Größe und der Gestalt des Schattens. Alle Nuancen der Thematik sollen nach Möglichkeit von den Kindern eingebracht, berücksichtigt und angesprochen werden können. Der Impuls „Was kann man tun, um den Schatten zu verändern?" stellt eine kindgemäße, wegweisende, an die Lernvoraussetzungen der Lerngruppe anknüpfende und zugleich sehr offene Problemstellung dar. Sie ist geeignet, um natürliche Differenzierung zu ermöglichen, der Entfaltung der individuellen Interessen und Möglichkeiten, der Entwicklung individueller Lernziele zu dienen und dabei die Erreichung eines grundlegenden gemeinsamen Lernziels für alle Kinder zu sichern.[24] Dies setzt weiter eine anspruchsvollere und vielseitige Auseinandersetzung mit dem Lerninhalt voraus.

Aufgrund der ungleichen Vorerfahrungen und Interessen wird sich der Prozess zum gewünschten Lernergebnis erwartungsgemäß recht unterschiedlich gestalten. Mit den auf dem Experimentiertisch und im Klassenraum vorhandenen Materialien ergeben sich differenzierte Zugänge zur Problemlösung. So können die Schüler durch die Variation des Abstandes zwischen der Lichtquelle oder dem Gegenstand die Schattengröße verändern. Die Veränderung des Lichteinfallswinkels erzeugt gedehnte oder gestauchte Schattenbilder. Die als zusätzlicher Impuls zur Verfügung gestellte Leuchtstoffröhre kann dazu verwendet werden, unscharfe und verwaschene Schatten zu erzeugen. Beleuchten die Kinder einen Gegenstand gleichzeitig mit mehreren Lichtquellen, können sie eine Vervielfachung des Schattens mit Kern- und Halbschatten entdecken. Die von mir als Impuls eingesetzte Tischlampe mit zwei Lichtern soll diese Entdeckung unterstützen. Eine etwas komplexere Möglichkeit stellt das Einsetzen der vorhandenen großen Sammel- und Zerstreuungslinsen dar. Halten die Schüler die Linsen zwischen der Lichtquelle und dem beleuchteten Gegenstand und bewegen sie, können sie eine

---

[21] zitiert nach Lauterbach, R. 1999, S. 12
[22] Lauterbach, R. 1999, S. 12
[23] siehe Sachanalyse und vgl. Rahmenplan Grundschule, 1995, S. 31
[24] vgl. Rahmenplan Grundschule, 1995, S. 29

Verzerrung des Schattens feststellen. Unter dem Wort „verändern" kann man beliebige Veränderung verstehen. Auch die Veränderung der Farbe, die durch das Vorhalten einer bunten Glasscheibe bewirkt werden kann, würde eine Veränderung bedeuten. Die Hin-und-Her-Bewegung des Gegenstandes parallel zur Schattenfäche würde ebenfalls zur Lage-Veränderung des Schattens führen.

Das Erreichen der Intensionen der heutigen Stunde lässt sich in der Präsentations- und Reflexionsphase überprüfen. Die schriftliche Ergebnissicherung kann aus Zeitgründen nicht in der heutigen Stunde erfolgen. In der nächsten Sachunterrichtsstunde wird jeder Schüler die erzielten Arbeitsergebnisse auf individuelle Weise im eigenen Forscherheft festhalten. Das Forscherheft fließt als Lernprodukt in die anschließende Leistungsbeurteilung der Schüler mit ein.

Methodische Überlegungen

Der Einstieg stellte für mich bei der Planung die größte Schwierigkeit dar, weil er durch den wegweisenden Impuls die entscheidende Rolle bei Entwicklung des Stundenschwerpunktes spielt. Zunächst hatte ich die Idee, zwei gegensätzliche Äußerungen bezüglich der Thematik in Verbindung mit zwei Kinderbildern an der Tafel anzubringen. Ein Kind behauptet: *„Der Schatten bleibt immer gleich, weil der Gegenstand auch immer gleich bleibt."* Das zweite Kind ist der Meinung: *„Kein Schatten bleibt, wie er ist. Die Schatten können sich verändern."* Der Vergleich der beiden Aussagen hätte zur Problemstellung geführt: „Welches Kind hat nun wirklich Recht?" Daraufhin könnten die Kinder vorschlagen, Experimente durchzuführen und zu zeigen, was wirklich stimmt. Die Problematik dieser Methode zeigte sich in den vorhergehenden Stunden, da die Kinder von alleine darauf aufmerksam wurden und in den Präsentationen über einige Aspekte des heutigen Lerninhalts bereits die ganze Gruppe informiert hatten. Das Experimentieren hätte demzufolge nur die Bestätigung der eigenen Aussage bewirkt. Der Impuls hätte somit keinen wirklichen Anreiz für die meisten Kinder der Gruppe dargestellt, wie ich den didaktischen Überlegungen bereits beschrieben wurde. Demzufolge kreisten meine Überlegungen lange darum, einen geeigneten Impuls zu finden, dessen Schwerpunkt nicht auf dem Aspekt der ausschließlichen Veränderbarkeit der Schatten, sondern auf den vielfältigen Veränderungsmöglichkeiten der Schatten und deren Ursachen liegt. Dabei sollen die Kinder angeregt werden, beim Experimentieren der Frage nachzugehen „Was passiert wohl mit dem Schatten, wenn ich dies oder jenes tue?"[25] Folgende Alternative kam hierzu als Einstieg in Betracht: Vor der Stunde wird im Klassenzimmer eine Schattenbühne aufgestellt. Sie ist schnell und einfach aus zwei Kartenständern, einer Holzlatte und einem weißen Laken herzustellen. Sie wird auch in den darauf folgenden Stunden für die Schattenspiele eingesetzt, so dass sich der Aufwand lohnt. Am Anfang der Stunde sitzen alle Schüler an ihren Gruppentischen. Ich gehe hinter die Schattenbühne, schalte zunächst eine einfache Tischlampe an und erzeuge auf dem Laken einen Schatten von der Diddl-Maus. Ich schalte die einfache Lampe aus, mache eine Tischlampe mit zwei Lichtern an. Die Figur wirft einen doppelten Schatten. Beim dritten Durchgang erzeuge ich mit einer Leuchtstoffröhre einen verschwommenen Schatten. Dabei können die Kinder nicht sehen, was hinter der Schattenbühne passiert. Sie können nur die Veränderung des Schattens auf dem Laken beobachten, beschreiben und ihre Vermutungen aufstellen, wodurch sie erzeugt werden könnte.[26] Die Äußerungen der Schüler sollen unkommentiert im Raum stehen bleiben, damit die Spannung und die Experimentierlust aufrechterhalten bleiben. Bei dieser Alternative betrachtete ich sehr kritisch die in den Hintergrund geratende Schülertätigkeit. Der Schüler gerät nun in die Rolle des Beobachters, die Lehrperson in die Rolle des Handelnden. Nach der Suche auf weiteren Alternativen kam ich auf die Idee, den Schatten von einer Diddl-Maus durch den Schatten von einem Schüler zu ersetzen. Bei dieser Vorgehensweise hätte der Schüler hinter der Schattenwand die Handlungen der Lehrerin gesehen, ihm wären einige Aspekte des Themas vorweggenommen worden. Und es wäre immer noch nur ein einzelner Schüler mit einbezogen. Da dem Fach Sachunterricht nachdem Rahmenplan insbesondere der Ausbau der fachlichen Qualifikation „Beobachten" zukommt, wäre die Beobachtungsaufgabe für alle Schüler legitim. Die Betrachtung der

---

[25] vgl. Biester, W. 1992, S.235
[26] vgl. Rahmenplan Grundschule, 1995, S. 126

verschiedenen Schatten von einem Gegenstand soll die Schüler dazu anregen, die Unterschiede zu erkennen und erste Vermutungen bezüglich der dafür verantwortlichen Faktoren aufzustellen. Außerdem haben die Schüler im weiteren Verlauf der Stunde ausreichend Zeit und Raum für eigenständige und handelnde Aktivitäten.

Anschließend bekommt die Lerngruppe den Arbeitsauftrag *„Versucht, herauszufinden, was man alles tun kann, um den Schatten zu verändern."* Er soll die Kinder motivieren, provozieren und auffordern, durch eigenes Tun unterschiedliche Veränderungen des Schattens zu erforschen. Die Arbeit in Zweier- und Dreiergruppen soll die Kommunikation der Kinder untereinander fördern. In einem Forscherteam finden der Austausch von Ideen und Anregungen sowie die Versprachlichung der Beobachtungen und Ergebnisse statt. Die Schüler trainieren soziale Fähigkeiten wie Teamgeist, Rücksichtnahme und Toleranz. Die Gruppen sollen vorwiegend mit den Tischnachbarn gebildet werden. Somit wird verhindert, dass sich nur befreundete Kinder zusammenfinden und die anderen ausgeschlossen werden.

Aus der Lernpsychologie ist bekannt, dass die Entwicklung des Verständnisses eine systematische experimentelle Erfahrung voraussetzt.[27] Das Lernen ist dann besonders motivierend, wenn sich Schüler mit kindgemäßen Problemstellungen auseinander setzen. Es entsteht Spannung und innere Beteiligung am Geschehen. So werden Kräfte geweckt, Versuchsanordnungen selbständig zu entwickeln. Ein Verhalten, das Probleme angeht und zu lösen versucht, wird geschult. Das Schlüpfen in die Forscherrolle bietet produktive Momente im Bildungsprozess und begünstigt nachhaltiges Lernen.[28]
Die offene Vorgehensweise beim Experimentieren ermöglicht ein hohes Maß an Motivation und somit Engagement der Kinder, da sie selbständig und eigenverantwortlich arbeiten und lernen können. Die Experimentierphase lässt den Kindern nach ihrem Entwicklungsstand den Freiraum, nach ihren Kompetenzen die Problemlösung zu finden. Eigene Erforschungen bedeuten zugleich, dass die Kinder über bisherige Erfahrungen und eigenes Wissen nachdenken. Sie beginnen etwas neu zu betrachten.

Da der Raum durch das Herunterlassen der Jalousien über den ganzen Verlauf der Unterrichtsstunde abgedunkelt wird, kann ich den Kindern nicht zumuten, die Problemlösungen in Kurzform schriftlich zu notieren, was bei andersartigen Bedingungen zum Ritual der Klasse gehört. Denn die Verschriftlichung der Gedanken unterstützt die Kinder dabei, ihre Kenntnisse zu strukturieren und später zu präsentieren.

Die Entwicklung des Verständnisses setzt weiter die Reflexion der experimentellen Aktivitäten voraus.[29] Die Präsentations- und Reflexionsphase stellt den Höhepunkt der heutigen Stunde dar. Es ist davon auszugehen, dass die Forschergruppen mehrere Experimente durchführen und einige Problemlösungen vorstellen möchten. Aus Zeitgründen muss kann jedoch nicht jede Gruppe alle Experimente präsentieren. Zunächst soll eine Gruppe jeweils nur einen Versuch vorstellen. Wurde bereits ein Experiment vorgestellt, soll es nicht wiederholt werden. „Die Sprache ermöglicht ein Wechselspiel zwischen Tun und Denken. Sie lässt Unzulänglichkeiten hervortreten, (…) das Denken kann neue Ansatzpunkte gewinnen."[30] Das mündliche Vorstellen der Arbeitsergebnisse soll einerseits die Forscherarbeit der Kinder würdigen. Diese Phase hilft den Kindern, in der anschließenden Dokumentationsphase die persönlichen Erkenntnisse und individuelle Ergebnisse noch einmal selbständig auszuwerten und im Forscherheft zu sichern. Durch positive Rückmeldungen der Lehrerin und der Mitschüler werden die Erfolgserlebnisse der Lerngruppe gestärkt. Anderserseits soll die Reflexion für den Austausch der Meinungen und der Entdeckungen sorgen, wobei die unterschiedlichen Sichtweisen und Kompetenzstufen sowie Vielfältigkeit zugelassen werden. Dabei können die Kinder lernen, den Beiträgen der anderen aktiv zu folgen und sich auf sie zu beziehen. Nach der jeweiligen Präsentation dürfen zwei Fragen bzw. Anmerkungen gestellt bzw. gemacht werden. Aufkommende Fragen können diskutiert und Unklarheiten beseitigt werden.

---

[27] vgl. Lauterbach, R. 1999, S. 13
[28] vgl. *Mattes, W., 2002, S. 44*
[29] vgl. Lauterbach, R. 1999, S. 13
[30] *Möller, K., 2000, S. 345*

Literaturliste

BECK, G.; CLAUSSEN, C.: Experimentieren im Sachunterricht. In: Die Grundschulzeitschrift. 139 / 2000. S. 10-11

BECK, G.; CLAUSSEN, C.: Kinder – Methoden - Kompetenz. In: Die Grundschulzeitschrift. 139 / 2000. S. 6-9

BIESTER, WOLFGANG: Mädchen und Technik. Beobachtungen und Untersuchungen in einem 3. und 4. Schuljahr. In: Brennpunkte des Sachunterrichts. Kiel: Institut für Pädagogik der Naturwissenschaften 1992

DORN, ANDREA: „Das geht, weil der Spiegel das Licht hochwirft!" In: Die Grundschulzeitschrift. 139 / 2000. S. 16-19

DORN, ANDREA: Inwieweit kann bei Kindern durch zunehmend selbständiges Planen und Auswerten von Experimenten zu verschiedenen Phänomenen des Lichts deren Forscherhaltung entwickelt werden? Ein Unterrichtsvorhaben im Sachunterricht eines 3. Schuljahres. Pädagogische Prüfungsarbeit zur Zweiten Staatsprüfung. Frankfurt: 2000

FAUST-SIEHL, GABRIELE: Mit Kindern Naturphänomene verstehen. Sachwissen, Kindervorstellungen und Unterrichtsbeobachtungen zum Thema „Schatten". In: Die Grundschulzeitschrift. 67 (1993). S. 8-17

GÖTZ, R; DAHNCKE, H.; LANGENSIEPEN, F.: Handbuch des Physikunterricht. Sekundarbereich I. Band 4/I: Optik. Köln: Aulis Verlag 1995

JENNINGS, TERRY: Was ist Licht? Versuchen & Verstehen. Mülheim an der Ruhr: Verlag an der Ruhr 2003

LAUTERBACH, ROLAND: Licht: Mit Schatten experimentieren. In: Sache-Wort-Zahl. 27 (1999). Köln: Aulis Verlag 1999. S. 10-22

LIPPOLD, ANDREA: Ausgewählte Beiträge und Materialien zum Thema „Schatten". In: Sache-Wort-Zahl. 27 (1999). Köln: Aulis Verlag 1999. S. 6-7

MARQUERING, ULRIKE: Schattenspiele. In: Sache-Wort-Zahl. 27 (1999). Köln: Aulis Verlag 1999. S. 7-9

SCHENKER, KARIN: Licht und Schatten. Unterrichtseinheit 16. In: RAAbits. Impulse und Materialien für die kreative Unterrichtsgestaltung. Stuttgart: Raabe Verlag 1997. Teil I/C1. S. 1-15

SHERWOOD, ELISABETH; WILLIAMS, ROBERT; ROCKWELL ROBERT: Vom Sandkasten zum Experimentieren. Kinder be-greifen die Natur. Lichtenau: AOL Verlag 2004

SIELVERT-STAUDTE, ADELHEID: Ästhetische Bildung als Schlüsselqualifikation. (http:// www.uni-frankfurt.de/fb09/kunstpaed/sievert.html), Datum: 22.09.04

SIEVERTS, FRAUKE: „Wie strahlt das Licht?" Didaktischer Kommentar zu einem Experiment. In: Sache-Wort-Zahl. 27 (1999). Köln: Aulis Verlag 1999. S. 23-27

Adelheid Sievert-Staudte

SPEKTRUM PHYSIK GYMNASIUM 7/8. Hessen. Hannover: Schroedel Verlag 2001

WALZ, ADOLF. Blickpunkt Physik. Hannover: Schroedel Verlag 1997

WIEBEL, KLAUS HARTMUT: „Laborieren" als Weg zum Experimentieren im Sachunterricht. In: Die Grundschulzeitschrift. 139 / 2000. S. 44-47

WIESNER, HARTMUT; CLAUS, JÜRGEN: Stundenblätter Licht und Schatten. 1.-3. Schuljahr. Stuttgart: Klett Verlag 1985

WIESNER, HARTMUT: Vorstellungen von Grundschülern über Schattenphänomene. In: SPM 19(1991). Nr.4. S. 155-171

2.3 Auswertung der Vorkenntnisse und Fragen der Lerngruppe zum Thema Luft

Vorkenntnisse	Anzahl Der Kinder
Mit der Taschenlampe kann man im Dunklen alles sehen	2
Die Taschenlampe macht im Dunklen Schatten	1
Dunkelheit macht Angst, Licht mach fröhlich	1
Licht ist hell	1
Schatten ist dunkel	1
Mit Licht kann man Schattenspiele machen	2
Mit Sonnenlicht kann man Kerzen anzünden	1
Sonnenlicht erzeugt/produziert Strom	2
Ohne Licht können wir nicht leben	1
Laserlichter gehen ganz weit	1
Es gibt bunte Lichter	1
Ohne Sonne kann die Blume nicht wachsen	1
Aus dem Licht kommt Staub	1
Das Licht leuchtet	1
Das Licht braucht Strom	1

Tab. 1: Vorkenntnisse der Lerngruppe zum Thema Luft

Frage	Anzahl Der Kinder
Wo kommt das Licht her?	5
Warum wird das Licht durch die Lupe größer?	2
Warum geht das Laserlicht nicht durch die Alufolie?	2
Warum braucht das Licht Strom?	2
Warum gibt es Licht und Schatten?	1
Kann man das Licht einfangen?	2
Was kann man mit Licht machen?	1
Warum kann das Licht so weit leuchten?	1
Wie wird eine Taschenlampe gemacht?	3
Wie wird der Strom zur Autobahn geleitet?	1
Wie wird Strom gemacht?	3
Wie entsteht Schatten?	2
Warum wird Licht zum Schatten?	1
Wie wird Licht gemacht?	1
Wie macht man Schattenspiele?	1
Wieso ist das Licht so stark?	1
Warum ist das Licht so hell?	1
Warum leuchten Scoubidoo-Bänder?	2
Wie werden Glühbirnen gemacht?	2
Warum leuchtet das Licht?	1
Wozu braucht man Licht?	1

Tab. 2: Forscherfragen der Lerngruppe zum Thema Luft

PHASE	Zeit	geplanter Unterrichtsverlauf	Arbeits- und Sozialformen	Medien
HINFÜHRUNG UND PROBLEMSTELLUNG	7 min	Durch einen stummen Impuls möchte ich den Einstieg spannend und provokativ gestalten: Ich gehe hinter den weißen Schirm. Ich schalte zunächst eine einfache Tischlampe an und erzeuge so auf dem Schirm einen Schatten von einer Didl-Maus. Ich schalte die einfache Lampe aus, mache eine Tischlampe mit zwei Lichtern an. Die Figur wirft einen doppelten Schatten. Beim dritten Durchgang erzeuge ich mit einer Leuchtstoffröhre einen verschwommenen Schatten. Die Kinder beschreiben spontan, was sie gesehen haben. Sie erkennen den Schatten einer Didl-Maus. Wahrscheinlich fällt ihnen auf, dass drei Schatten unterschiedlich waren. Einige Schüler versuchen, die Vermutung zur Entstehung unterschiedlicher Schatten zu formulieren. Die Schüleräußerungen bleiben unkommentiert im Raum stehen.	Lehreraktivität, Schülerdiskussion	2 unterschiedliche Tischlampen, 1 Leuchtstoffröhre, 1 Schattentheaterfigur
ARBEITSAUFTRAG I	2 min	„Versucht, herauszufinden, was man alles tun kann, um den Schatten zu verändern. Heute arbeitet ihr mit einem oder zwei Tischnachbarn."	Lehrervortrag	
ARBEITSPHASE I	20 min	Die Schüler untersuchen selbständig in Zweier- bzw. Dreiergruppen, wie man eine Veränderung der Schatten bewirken kann. Dazu führen sie Experimente mit den im Klassenraum vorhandenen Materialien durch.	Partner- oder Kleingruppenarbeit	Materialien von den Experimentiertischen
Präsentation der Arbeitsergebnisse Reflexion	15 min	„Heute habt ihr fleißig erforscht, was man tun kann, um das Aussehen eines Schattens, seine Form oder Größe zu verändern. Jede Gruppe präsentiert zuerst nur eine Entdeckung. Wenn eine Entdeckung von einer Gruppe bereits vorgestellt wurde, muss sie nicht noch einmal von einer zweiten Gruppe vorgestellt werden. Wenn eine Gruppe mit der Präsentation fertig ist, dürfen sich die anderen Kinder melden und zwei Fragen stellen, wenn etwas nicht verstanden wurde. Ihr könnt auch Rückmeldungen geben, wenn aus eurer Sicht etwas nicht gestimmt hat. Danach präsentiert nächste Gruppe." Die Gruppen präsentieren nacheinander die Problemlösung und die Entdeckung der Gruppe.	Sitzkreis Schüler-Präsentation Schüler-Reflexion Lehrer-Schüler-Gespräch	Materialien für die Präsentation der Experimente
Aufräumphase	2 min	Die Schüler bringen die Materialien zurück auf die Experimentiertische.